NOV. 17 1978

APR. -7 1979

JUN. 16 1979
AUG. 17 1979

DEC 1 1 1979

JAN 2 1980

MAR 3 0 1980

MAY 1 5 1980

JUN 1 2 1980

YO-CLB-923

EVANSTON PUBLIC LIBRARY
3 1192 01340 5798

M786.2183 Beeth.L Schna.A v. 1
Beethoven, Ludwig van.
32 sonatas for the pianoforte, vol. 1.

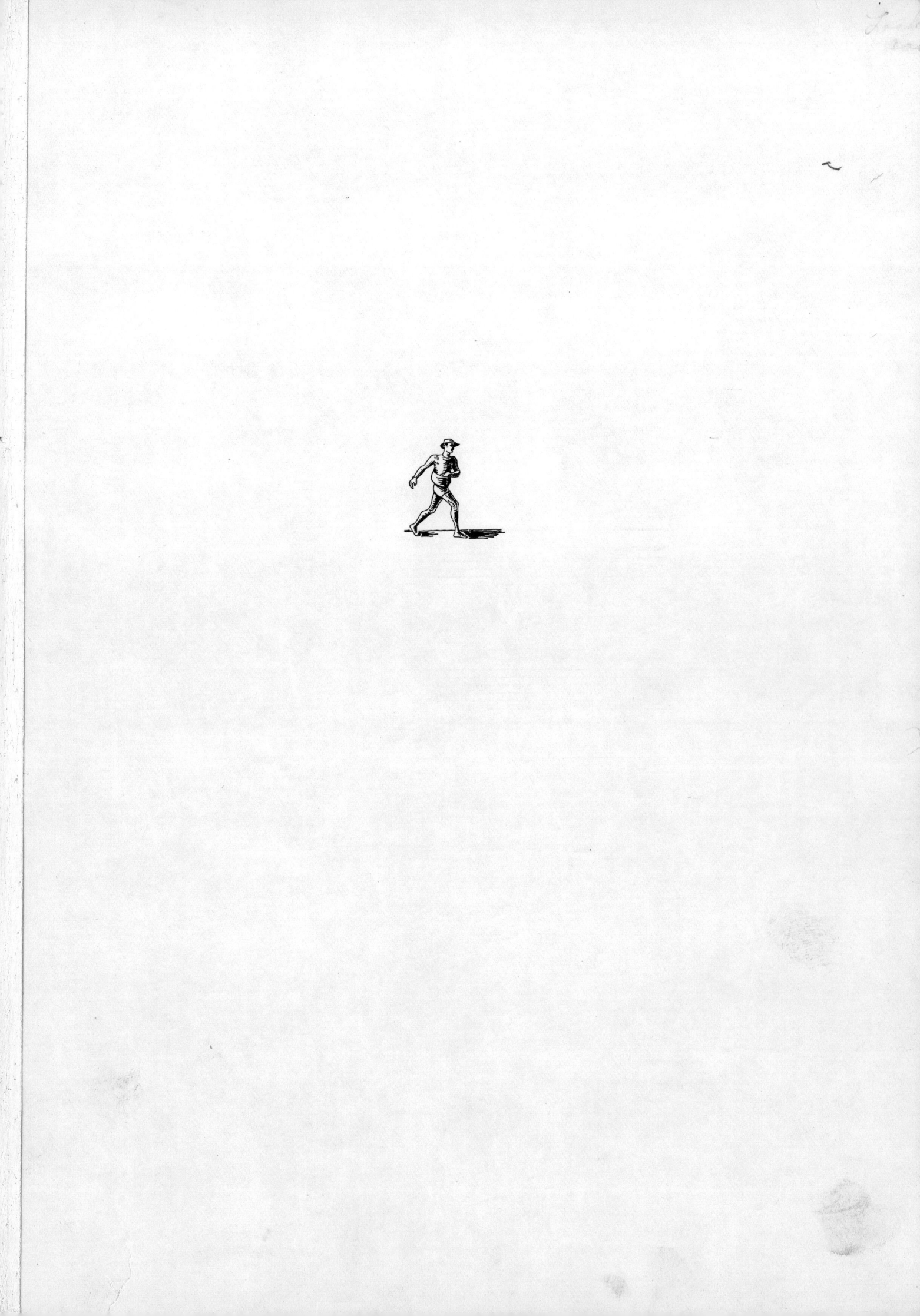

LUDWIG VAN BEETHOVEN

32

SONATAS FOR THE PIANOFORTE

EDITED BY

ARTUR SCHNABEL

EVANSTON PUBLIC LIBRARY
1703 ORRINGTON AVENUE
EVANSTON, ILLINOIS

VOLUME ONE

SIMON AND SCHUSTER, INC · NEW YORK · 1935

ALL RIGHTS RESERVED
INCLUDING THE RIGHT OF REPRODUCTION
IN WHOLE OR IN PART IN ANY FORM
COPYRIGHT, 1935, BY SIMON AND SCHUSTER, INC.
COPYRIGHT BY ULLSTEIN A. G. BERLIN
PUBLISHED BY SIMON AND SCHUSTER, INC.
ROCKEFELLER CENTER, 630 FIFTH AVENUE
NEW YORK 20, N. Y.

FIFTEENTH PRINTING

MANUFACTURED IN THE UNITED STATES OF AMERICA

TABLE OF CONTENTS

PUBLISHER'S PREFACE

(TO THE TENTH PRINTING)

ON August 15, 1951, Artur Schnabel died in Switzerland. He had had a profound influence on the musical life of the whole western world through his teaching, through his playing, through the devotion of hundreds of fine musicians inspired by his warm personality and profound musicianship.

Although Mr. Schnabel's own compositions were strictly in a twentieth century idiom, it was through his insight into classical music — particularly that of Mozart, Schubert, and Beethoven — that he made his most widely appreciated contribution to our musical heritage. His performances of these classics, whether heard in concert, on the air, or on discs, set a standard of scholarship, inspiration, and insight rarely equaled by any other pianist. They were the result of a lifetime of study of the great works — a study that never hardened into any single way of interpretation but always lived as though they had been planted in the solid ground of intellectual understanding and blossomed at the moment of performance in the air of a living, modern world.

In 1935, we were first entrusted by Mr. Schnabel with bringing out his edition of the Beethoven Sonatas. We counted it then, and still count it, as a signal honor. Today, with his discs, it remains the chief source of musical enlightenment from his great mind and heart. In preparing his edition, he went to the original manuscripts, when available, as well as to the original editions and to all subsequent editions. He respects, everywhere, the principle that the interpreter should play what the composer would have wanted to hear. And to carry this principle into editing practice, he has used all his vast knowledge of the history of style, his command of technique, and his mastery of pedagogy to supplement the scanty interpretative directions and fingerings afforded in the manuscripts and early editions.

The general principles are set forth in his very brief Preface, which, along with his notes, are given in this edition in three languages. Most of his notations are self-explanatory; but on account of the large number of queries we have received, we take this opportunity to point out that the Roman numerals, as well as the signs ⁋, are an indication of the length of certain phrases which do not fit the conventional four-bar formula of most classical music. These, along with the thousands of other contributions made by Mr. Schnabel, should help the performer in achieving a new insight into the phrasing and the structure of the Sonatas.

THE PUBLISHERS

January, 1953

EDITOR'S PREFACE

THE fingering in this edition may here and there appear somewhat strange. In explanation of the more unusual kinds let it be said that the selection was not made exclusively with a view to technical facility, but rather from the desire to secure—at least approximately—the correct musical expression of the passages in question (as the Editor feels they should be interpreted). Quite often the Editor was guided by the pedagogic conception of a piano of which the tone colouring is unaided by the pedal—the fact being that the pedal is very seldom used in the classic piano literature as a means of colouring. In accordance with this conception the use of the pedal is rarely indicated in this edition. It must be the player's aim to succeed in rendering song-like passages, as if cast in *one* mould, without recurring to the pedal.

The fingerings and pedal indications are almost without exception by the Editor; the original texts, especially those of earlier works, contain next to none. The slurs as well as the accents and indications relative to touch were noted by the composer in such an obvious and confusing flightiness and carelessness—especially in his early works—that the Editor felt himself not only musically justified, but in duty bound to change them occasionally according to his best judgment, sense and taste: to abbreviate, to lengthen, to supplement, to interpret. Changes of this kind are not especially noted; all other additions made by the Editor are to be recognized either by smaller print or by brackets.

m. d. = right hand / m. s. = left hand.

ARTUR SCHNABEL

VORWORT

Manche Fingersätze dieser Ausgabe werden vielleicht befremden; zur Erklärung der ungewöhnlicheren sei gesagt, dass die Auswahl nicht ausschliesslich zur Bequemlichkeit der Hände getroffen wurde, dass sie vielmehr häufig dem Wunsche entstammt, den musikalischen Ausdruck der jeweiligen Stellen (wie ihn der Herausgeber meint) zu sichern oder mindestens nahezulegen. Dabei leitete ihn auch oft die erziehliche Vorstellung des Klavieres ohne klangliche Unterstützung durch das Pedal, das in der klassischen Klaviermusik sparsam und im Notfall, und nur sehr selten als Färbungsmittel verwendet wurde. Die Kargheit der Pedalisationshinweise entspricht dieser Auffassung; es ist zu erstreben (und zu erreichen), gesangartige Tonfolgen auch ohne Pedal-Leim wie aus einem Stück geformt erscheinen zu lassen.

Fingersätze und Pedalangaben sind fast ausnahmslos vom Herausgeber; die Originaltexte, zumal der früheren Werke, enthalten beinahe gar keine. Die Bindebogen (wie auch die Akzente und Anschlagarten) sind in den Vorlagen gelegentlich mit so offenkundiger, so verwirrender Flüchtigkeit und Sorglosigkeit aufgezeichnet,—hauptsächlich in den Frühwerken,— dass der Herausgeber das musikalische Recht, die musikalische Pflicht zu haben glaubte, sie mitunter nach Überlegung, Sinn und Geschmack zu ändern: zu verkürzen, zu verlängern, zu ergänzen, zu deuten. Derartige Abweichungen sind nicht besonders kenntlich gemacht. Alle anderen Zusätze des Herausgebers aber sind ersichtlich aus kleiner oder eingeklammerter Schrift.

m. d. = rechte Hand / m. s. = linke Hand.

AVANT-PROPOS

Le doigté inusité que l'on trouvera par endroits dans cette édition surprendra peut-être. Si nous l'avons choisi, c'est moins pour la commodité des doigts que dans le but de fixer le caractère d'un passage — ou de le suggérer d'une façon approximative — selon les intentions de l'éditeur.

Souvent nous avons suivi l'idée—utile au point de vue pédagogique—d'un piano auquel manquerait l'appui de la pédale. Dans la musique classique, il est recommandable de ne faire usage de la pédale que modérément, en cas d'urgence; elle ne doit servir que rarement de «colorant». Aussi bien ne la trouvera-t-on prescrite qu'à fort peu d'endroits. Le pianiste devra s'efforcer de jouer les passages mélodiques «comme d'une pièce», sans avoir recours à la pédale. Il est possible d'y parvenir au prix de certains efforts.

Le doigté et les pédales sont presque exclusivement de la main de l'éditeur; les textes originaux en sont à peu près entièrement dépourvus; c'est là le cas en particulier des œuvres de jeunesse.

Dans ces textes, les arcs (de même que les accents et les indications relatives au jeu) ont été parfois notés très fugitivement et avec beaucoup de négligence, pouvant donner lieu à des erreurs; ici l'éditeur s'est cru le droit et même le devoir de transformer, de raccourcir, de rallonger, de compléter selon que le lui dictaient la raison, le sens du passage, le bon goût. Les transformations de ce genre ne sont pas mentionnées comme telles. Par contre toutes les autres adjonctions de l'éditeur sont imprimées en petits caractères ou placées entre crochets.

m. d. = main droite / m. s. = main gauche.

32
SONATAS FOR
THE PIANOFORTE

LUDWIG
VAN BEETHOVEN

SONATE
No. 1

JOSEPH HAYDN GEWIDMET

BEETHOVEN, Op. 2 Nr. 1

a) Manche Ausgaben haben hier ein Auflösungszeichen; ich halte „des" für richtig.

a) Dans certaines éditions, nous trouvons ici un bécarre, je crois que „ré bémol" est juste.

a) In some editions a sign of resolution is to be found here; I consider "db" to be correct.

14

1) ohne zu eilen   1) sans hâte   1) without haste
2) angenehm gefällig   2) plaisamment   2) pleasantly

a) Der untere Fingersatz ist von Beethoven. | a) Le doigté inférieur est de Beethoven. | a) The lower fingering has been prefixed by Beethoven.

a) Die Notierung der ersten Note jeder Triole als Viertel stammt vom Herausgeber.

a) C'est l'éditeur qui a donné à la première note de chaque triolet la valeur d'une noire.

a) The Editor has given the first note of every triplet the value of a crotchet.

1) melancholisch
   mélancolique
   in a melancholy vein

SONATE
No. 3

JOSEPH HAYDN GEWIDMET

ALLEGRO CON BRIO (♩=184)

BEETHOVEN, Op. 2 Nr. 3

a) *In keiner Originalausgabe ist vermerkt, wann nach dem „rallentando" das erste Zeitmaß einzusetzen habe; nach meiner Ansicht soll es bei „dis ♩" eintreten.*

a) *Aucune édition originale n'indique où doit recommencer le tempo primo après le „rallentando". Je suis d'avis de le reprendre au „ré dièze ♩".*

a) *No mention is made in any of the original editions as to when the original tempo recurs after the „rallentando"; in my opinion, it should be at „d sharp ♩".*

b) Es ist, wie die diesbezügliche Verschiedenheit der Ausgaben erkennen läßt, unklar, ob hier, wie auch 2 Takte später, als obere Wechselnote der Halb- oder der Ganzton zu nehmen sei; ich halte den Ganzton für den richtigen, also:

was im übrigen auch der Parallelstelle entspricht.

b) On ne sait-pas — et les éditions diffèrent à ce sujet - s'il faut prendre ici et 2 mesures plus tard pour note appogiature supérieure le demi-ton ou un ton entier; j'estime qu'un ton entier est plus juste:

ce qui correspond d'ailleurs au passage parallèle.

b) The various editions differ as to whether here — as well as 2 bars later - the whole or the half tone is to be taken as the upper appoggiatura; in my opinion, the whole tone is correct, thus:

this also corresponds with te parallel passage.

1) nicht eilig, nicht überstürzt
sans hâte ni précipitation
no hurry, no **precipitation**!

a) Mit einer Hand sehr schwer auszuführen (es soll aber jedenfalls immer wieder versucht werden): die zweckdienlichste und übliche Spielweise:

a) Très difficile à jouer d'une main (il faudrait néanmoins faire et refaire l'expérience); voici la manière habituelle, qui est la plus conforme au but désiré.

a) Very hard of execution with one hand (it should always be tried however); the most efficient and customary way of playing this passage is this:—

Auch bei der Aufwärtsbewegung das erste Triolen-Sechzehntel mit der Linken, zweites und drittes mit der Rechten zu nehmen, erscheint mir mühevoller (und weniger glänzend) als die vorstehende Einteilung.

Même répartition des mains en remontant. Il me semble qu'on a plus de peine et que l'on gagne moins d'effet à vouloir, en remontant, jouer la première double-croche du triolet de la main gauche, la 2ª et la 3ª de la main droite.

To take the first triole-semiquaver with the left hand, the second and third with the right hand also in the upward movement, appears to me to be more laborious (and less brilliant) than the preceding arrangement.

b) Siehe a)
voir a)
see a)

c) Das h wird (selbsttätig) die hier nötige Kraft erhalten, wenn es von der rechten Hand genommen wird; das sfz gilt nur ihm, nicht auch dem dis.

c) En jouant le si de la droite, on lui donnera automatiquement la force que nécessite ce passage; le sfz se rapporte uniquement au si; il ne s'applique plus au ré dièze.

c) The „b" will obtain, automatically, the necessary strength if taken with the right hand; the sfz only refers to this „b", not to the „d sharp" also.

d) Ein hier in manchen Ausgaben hinzugefügtes e ist wohl falsch.

d) Dans un certain nombre d'éditions, un ré se trouve interpolé ici; il s'agit probablement d'une erreur.

d) A „d" is here interpolated in some editions, **which is obviously erroneous**.

a) Zweifellos g, nicht es, wie einige Ausgaben glaubten, verbessern zu müssen.

1) wuchtig / pesamment / weighty

a) Il n'y a pas de doute qu'il faille sol, et non pas mi bémol; comme certaines editions ont cru devoir le corriger.

a) Undoubtedly „g" and not „e flat," as erroneously „corrected" in some editions.

29

a) Manche Ausgaben haben hier (gleichlautend mit dem viertnächsten Takt) gis, a, h, gis in der obersten Stimme; reizvoller ist gewiß, die beiden Takte verschieden zu lassen.

1) streng im Takt
bien en mesure / to coincide precisely with the tact

a) Certaines éditions ont à cet endroit: sol♯, la, si, sol♯ dans la voix supérieure, tout comme le passage qui vient 4 mesures plus tard; l'effet est certainement plus agreable, si l'on laisse subsister la différence.

a) Some editions have here (the same as in the 4th following bar) g sharp, a, b, g sharp in the upper part; it is certainly more attractive to leave the two bars different.

31

a) *Siehe Seite 5a) b) c)*. b) *Siehe Seite 6 a)*.
   Voir page 5a) b) c).   *Voir page 6 a)*.
   Vide page 5a) b) c).   *Vide page 6 a)*.

34

a) *Siehe Seite 6b).* b) *Siehe Seite 6c).*
 Voir page 6b). *Voir page 6c).*
 Vide page 6b). *Vide page 6c).*

LARGO APPASSIONATO ($\quarter = 69$)

tenuto sempre

p ma ben sonore

staccato sempre

a)

($\eighth = 84$)

dolce cantabile

b)

(Tempo I.)
tenuto sempre

staccato sempre

c)

a) (tranquillo)

b) Den Vorschlag langsamer als den Nachschlag: etwa wie Zweiunddreißigstel.
b) Prenez l'agrément plus lentement que la note complémentaire: à peu près le temps d'une quadruple-croche.
b) Take the appoggiatura slower than the complementary note; about like semidemiquavers.

c)

1) innig zart
avec une douce tendresse
tenderly and delicately

37

a) s. Seite 14 a)   b) s. Seite 14 b)
   voir page 14 a)   voir page 14 b)
   vide page 14 a)   vide page 14 b)

SCHERZO
ALLEGRETTO ($\dot{\d} = 56$)

a) Oberer Fingersatz Original von Beethoven | a) le doigté supérieur est de Beethoven | a) the upper fingering is prefixed by Beethoven

TRIO

RONDO

b) Ob der Doppelschlag zwischen drittem und viertem Viertel, ob zwischen siebentem und achtem Achtel auszuführen sei, ist mit Bestimmtheit wohl kaum zu sagen; es sind beide Arten denkbar.
b) Il n'est guère possible de dire avec certitude s'il faut exécuter le battement entre la 3ᵉ et la 4ᵉ noire, ou entre la 7ᵉ et la 8ᵉ; les deux façons ne sont pas bien claires.
b) It can hardly be said with some degree of certainty whether the double turn is to be executed between the 3d and 4th crotchet or between the 7th and 8th quaver; both ways are indistinct.

Also entweder: oder: diese zweite Lösung auch so leichter:
Il faut jouer: ou bien: ou bien, en facilitant la dernière manière: this second way also thus:— or, easier:
One can play this way: or:

oder
ou bien:
or,

Ich spiele die Stelle, je nach Laune, sowohl in der einen, wie in der anderen Weise.
Pour moi, je suis mon caprice en jouant ce passage une fois d'une telle manière, une fois de l'autre.
As for me, I play this passage just as fancy strikes me, the one or the other way.

47

48

51

SONATE
No. 2

JOSEPH HAYDN GEWIDMET

BEETHOVEN, Op. 2 Nr. 2

ALLEGRO VIVACE ($\quarternote = 132$)

a) Ausführung mit einer Hand zwar schwerer, aber schwungvoller, als in beide Hände geteilt.

a) L'exécution de ce passage par une main seule est plus difficile mais fait plus d'effet que si on distribue le passage aux deux mains.

a) The execution of this passage by one hand only is more difficult, but it sounds more sonorous than if divided between both hands.

Copyright 1924 by Ullstein A.G. Berlin

a)
- *Nach meiner Ansicht f in der rechten Hand erst auf dem zweiten Viertel.*
- *A mon avis, main droite ne devrait jouer „forte" qu'au 2ᵉ temps.*
- *In my opinion, „forte" in the right hand only upon the second crotchet.*

b)
- *Die übliche Spielweise ist:*
- *Manière habituelle d'exécuter ce passage:*
- *The customary execution is this:*

Der aufgezeichneten Bewegung gemäß, die als zweites Achtel jeder der 3 Figuren gerade die untere Wechselnote verlangt, müßte die Stelle allerdings wie folgt ausgeführt werden:

Si l'on désirait exécuter ce passage conformément au mouvement noté, qui demande pour chacune des 3 figures la note inférieure en appogiature, il faudrait le faire comme suit:

According to the annotated movement which requires exactly the lower appoggiatura as the second quaver of each of the 3 figures, this passage, to be sure, would have to be executed like this:

Wenn ich auch meine, daß diese textgetreue — vielmehr buchstabengetreue — Ausführung durchaus ungezwungen, ja hier sogar besser klingt, als die zuerst angegebene, ist wohl dennoch diese, die verbreitete Lesart, als die richtige anzusehen.

Bien que cette manière textuelle, ou mieux: littérale, d'exécuter le passage me paraisse tout à fait naturelle — et même plus agréable que l'autre dans le cas que voici — je crois que la première manière doit être considérée comme la plus authentique.

In my opinion, this textual — or rather literal — execution sounds absolutely free and easy, here even better than the one first mentioned; — yet this way of reading, which is generally accepted, is to be considered the correct one.

(*Obzwar dazu die Aufzeichnung genügt hätte.*)
(*Il eût d'ailleurs suffi de la noter ainsi:*)
(*Although, for this execution, the following annotation would have been sufficient:*)

Die Entscheidung wird durch die eine Note der Parallelstelle herbeigeführt, die diese von der hier besprochenen unterscheidet: durch das zweite Achtel der zweiten Figur. Dort wird es vom unteren Halbton gebildet: ais. Von ihm zu h Doppelschlag also entweder.

On décidera du choix en comparant ce passage ci au passage parallèle, où une seule note établit la différence: la seconde croche de la deuxième figure. Dans le passage parallèle, cette note est formée par le demi-ton inférieur: la dièze. On passe au si par le moyen d'un battement, soit:

The decision is brought about by the one note of the parallel passage by which it is distinguished from the one considered here: viz., by the second quaver of the second figure. There it is formed by the lower half tone: a sharp. From this to b double turn; therefore either:

oder:
soit:
or:

Diese Schritte können kaum gewollt sein; sie klingen in diesem Stück ganz befremdlich und sind zum G-dur-Dreiklang fast undenkbar. Es gibt eine dritte Möglichkeit, nämlich:

Ces mouvements ne peuvent pas avoir été dans l'intention de l'auteur; ils produisent une étrange dissonance dans ce morceau et ne s'harmonisent d'aucune façon avec l'accord de sol majeur. Voici une troisième possibilité:

These movements were certainly not intended by the composer; they sound quite strange in this piece and are almost unthinkable together with the g-major chord. There is a third possibility, viz.:—

1) *frisch, mit Feuer*
  avec feu et entrain   *lively, with animation*

57

a) Leichtere Ausführung:
Exécution plus facile:
Easier of execution:

61

63

a) *Fermate nicht zu lang etwa drei Viertel Klang, zwei Viertel Luftpause.*
b) *Etwa vier Viertel.*
c) *f etwa fünf Achtel wert, der chromatische Lauf drei.*

a) *Ne prolongez pas le temps de repos outre mesure: à peu près 3 noires de repos sur la touche et une pause de 2 noires.*
b) *Temps de repos d'à peu près 4 noires.*
c) *Repos d'à peu près 5 croches; le passage chromatique completa 3 croches.*

a) *Don't lengthen the fermata too much; about three crotchets sound, two crotchets air interval.*
b) *About four crotchets.*
c) *About 5 quaver's worth; the chromatic run, three.*

66

67

a) nach meiner Ansicht hier zulässig und überzeugend.
à mon avis, l'octave est permise ici, et le son en est persuasif.
in my opinion here both permissible and convincing

1) erhaben 2) mit aller Innerlichkeit
avec grandeur   très tendre
lofty   fervently

71

SCHERZO
ALLEGRO ($\dot{\zeta} = 104$)

1) *etwas leichtfertig im Charakter*
   d'une manière un peu libre et dégagée
   somewhat free and easy

75

Scherzo D.C. e poi la Coda.

CODA.

1) *nicht beschleunigen*
sans accélérer le mouvement
don't accelerate

1) und so fort
et caetera
and so on

1) *liebenswürdig*
aimable
pleasantly, coaxingly

1) fließend
   d'un mouvement fluide
   fluently

2) Oberstimme
   la voix superieure
   upper voice

81

1) *heiter* 2) *kräftig, keck.*
   gai   *avec vigueur et entrain*
   gaily   *with dash and vigour*

83

84

85

SONATE
No. 4
DER GRÄFIN BABETTE VON KEGLEVICS GEWIDMET

ALLEGRO MOLTO E CON BRIO (♩.=132)   BEETHOVEN, Op. 7

a) *Ein weiterer Fingersatz:* 345 | 545454 | 5453 usf. | a) *Autre doigté:* 345 | 545454 | 5453 etc. | a) *Another way of fingering:* 345 | 545454 | 5453 etc.

89

90

91

a) Siehe Seite 6a)
Voir page 6a)
vide page 6a)

93

94

a) Siehe Seite 6a)
   Voix page 6a)
   vide page 6a)

96

97

LARGO, CON GRAN ESPRESSIONE (♪ = 72–80)

a) Siehe Seite 15a)
Voir page 15a)
vide page 15a)

101

1) wie eine Frage.
   en interrogeant
   as if questioning

2) mit aller Empfindung.
   avec ferveur
   fervently

ALLEGRO ($\dotted{\quarter} = 69$)

104

MINORE (𝅗𝅥· = 76)

106

107

Allegro D.C.

RONDO
Poco Allegretto e grazioso ($\quarter = 69$)

109

1) frisch
avec vivacité
lively

a) *Leichtere Ausführung:*
   Exécution plus facile:
   This way is easier of execution:

1) *fein und anmutig.*
   avec grâce et finesse
   subtle and graceful

a) *Siehe Seite 25 a)*
   Voir page 25 a)
   vide page 25 a)

112

a) Siehe Seite 25a)   b) Siehe Seite 25b)
   Voir page 25a)   Voir page 25b)
   vide page 25a)   vide page 25b)

115

a) Siehe Seite 25 a)
Voir page 25 a)
Vide page 25 a)

a) Leichtere Ausführung:
Exécution plus facile:
This way is easier of execution.

b) Siehe Seite 27 b)
Voir page 27 b)
Vide page 27 b)

117

a) Siehe Seite 25 a)   b) Siehe Seite 25 b)
Voir page 25 a)   Voir page 25 b)
Vide page 25 a)   Vide page 25 b)

118

SONATE
No. 5

DER GRÄFIN VON BROWNE GEWIDMET

ALLEGRO MOLTO E CON BRIO (♩.= 76–88)　　　　　BEETHOVEN, Op. 10 Nr. 1

121

a) Manche Ausgaben haben hier as statt c. | a) Dans quelques éditions on trouve ici la♭ au lieu de do (d'ut) | a) Some editions have here a flat instead of c.

124

125

127

a) v.p.10c).

128

a) v.p. 10c   b) v.p. 11b

130

132

133

SONATE
No. 6
DER GRÄFIN VON BROWNE GEWIDMET

Allegro (♩= 104)

BEETHOVEN, Op. 10 Nr. 2

137

138

139

141

143

144

ALLEGRETTO (𝅗𝅥. = 66)

148

PRESTO (♩=84—92)

1) ma senza fretta
2) p leggierissimo e distintamente

1) ohne Hast   2) deutlichst
   sans hâte   très distinctement
   no hurry!   very distinct!

149

151

SONATE
No. 7

DER GRÄFIN VON BROWNE GEWIDMET

PRESTO ($\textit{d}$ = 152—168)

BEETHOVEN. Op. 10 Nr. 3

a) Viele Ausgaben haben im ganzen Takt Oktaven
a) Dans beaucoup d'éditions, la mesure tout entière est formée d'octaves.
a) Many editions have octavos throughout the whole bar.

154

157

159

161

LARGO E MESTO (♪ = 63)

165

a) Siehe Seite 13 b.
voir page 13 b
vide page 13 b.

167

MENUETTO
ALLEGRO ($\dot{\,}$ = 92–100)

leichter aber in folgender Ausführung:
l'exécution suivante est plus facile:
easier of execution this way:

TRIO
(Meno mosso ♩.=80)

Men. D.C. ma senza replica.

172

173

175

176

177

SONATE
No. 8
PATHÉTIQUE

DEM FÜRSTEN CARL VON LICHNOWSKY GEWIDMET

GRAVE (♪ = 52)　　　　　　　　　　　　　　　　　　　　BEETHOVEN, Op. 13

a) Etwa sieben Zweiunddreißigstel lang. | a) d'une durée d'environ 7 quadruples-croches. | a) about 7 demisemiquavers long.

ALLEGRO DI MOLTO E CON BRIO (𝅗𝅥 = 168–176)

180

passionato, ma ben ritmico, e non troppo presto

pp leggierissimo

p al basso

a)

più p, leggiero   poco

leggiero   un poco più p e meno agitato

poco a poco crescendo

non stringere   sempre f   decresc.

un poco calmare   i.t. . non agitato

molto   pp   p dolce   legato

a) [musical example] *oder ou bien or,* [musical example]

b) *Nach der Urtextausgabe. Die meisten Ausgaben haben:* [musical example] *Die Parallelstelle, die modulatorisch anders verläuft, kann zur Begründung des zugefügten: C² nicht herangezogen werden.*

b) *Conforme à l'édition originale. La plupart des éditions ont* [musical example] *Le passage correspondant, d'une autre modulation, ne peut servir de comparaison justificative pour l'adjonction du do à la quatrième octave.*

b) *As in the original-text edition. The majority of editions have:* [musical example] *There is no justifiable reason for adding the C² by quoting the parallel passage, for this modulates differently.*

a) Manche haben: „p" schon zum ersten Viertel.
b) Fermate etwa 5 Halbe; keine Luftpause danach.
c) Fermate etwa 7 Halbe; danach 2 Halbe Luftpause (selbstverständlich ohne Pedal.)

a) Certains éditeurs placent le „p" déjà au premier temps.
b) Point d'orgue d'une durée d'environ la valeur de cinq blanches; ne faire suivre d'aucune pause.
c) Point d'orgue d'une durée d'environ la valeur de sept blanches; faire suivre d'un arrêt correspondant à la valeur de deux blanches (évidemment sans prendre de pédale.)

a) Some editions have "p" on the first crotchet.
b) Pause about 5 minims; no breathing-pause afterwards.
c) Pause about 7 minims, then 2 minims breathing-pause (naturally without pedal.)

182

TEMPO I

ALLEGRO MOLTO E CON BRIO

attacca subito Allegro molto e con brio

1) einfach, ängstlich / simple, craintif / simply, anxiously. 2) streng im Takt / bien en mesure / strictly in time. 3) deutlich / distinctement / distinctly.

| a) Fermate etwa 5 Achtel lang; keine Luft-pause danach. | a) Point d'orgue d'une durée d'environ la valeur de cinq croches, ne faire suivre d'aucune pause. | a) Pause about 5 quavers long; no breathing-pause afterwards. |

183

184.

a) v.p.5a)

185

a) Fermate etwa 7 Halbe; danach Pedal aufheben.
b) Fermate beachten!

a) Point d'orgue d'environ la valeur de sept blanches; lever ensuite la pédale.
b) Tenir compte du point d'orgue.

a) Pause about 7 minims long, then raise the pedal.
b) Observe the pause!

a) Bei Manchen fehlt das „d" im Akkord des vierten Achtels.
b) A l'accord au quatrième temps, il manque parfois le ré.
b) Sometimes the d in the chord of the fourth quaver is missing.
c) Die Gabel fehlt bei Einigen.
c) Certains éditeurs omettent le soufflet.
c) Some omit the cresc. fork.

1) eindringlich
   avec un sentiment intense
   intense
2) andächtig
   dévotement
   devoutly

189

a) Die kritisch durchgesehene Ausgabe hat hier, und ebenso im folgenden Takt auf dem ersten Achtel das Zeichen rf. In der „Urtext"ausgabe steht es hingegen nicht.

a) Ici, de même qu'à la mesure suivante, l'édition critique revue place le signe rf a la première croche de la mesure. Ce rf fait défaut dans l'édition du «texte original.»

a) The critically revised edition has here as well as in the following bar the mark "rf" upon the first quaver; in the original text edition there is no such mark.

1) *hingegeben*
   avec abandon
   unrestrainedly

RONDO
ALLEGRO (♩=108)

1) liebenswürdig, gefällig
   aimable et gracieux
   pleasantly, gracefully

a) Manche haben das Zeichen: sf zum dritten Viertel, andere wiederum haben es überhaupt nicht.
b) Fermate etwa 4 Halbe; keine Luftpause danach.

a) Certaines éditions ont le signe: sf au troisième temps, d'autres éditions, par contre, ne le donnent pas du tout.
b) Point d'orgue d'une durée de la valeur d'environ quatre blanches. Ne faire suivre d'aucune pause.

a) Some editions have the sign: sf on the third beat, others again omit it entirely.
b) Pause about 4 minims. No breathing-pause afterwards.

193

a) Bei Einigen heißt das fünfte (und neunte) Triolenachtel: „f²".

a) Dans certaines éditions, la cinquième (et neuvième) valeur des triolets doit être un „fa".

a) In some editions the fifth (and ninth) triplet quaver is f²

195

1) ungestüm / impétueu / impetuously
2) kurz / bref / short

a) Fermate etwa 5 Halbe. Keine Luftpause danach.
b) Fermate beachten!

a) Point d'orgue d'une durée de la valeur d'environ cinq blanches, ne faire suivre d'aucune pause.
b) Tenir compte du point d'orgue.

a) Pause about 5 minims. No breathing-pause.
b) Observe the pause!

SONATE
No. 9
DER BARONIN VON BRAUN GEWIDMET

ALLEGRO (♩=126) BEETHOVEN, Op.14 Nr.1

1) angenehm, wohlgefällig.
   agréable et plaisant
   pleasing, agreeable

2) deutlich
   bien distinct
   distinct!

1) heiter
   gai
   jauntily

2) fröhlich
   joyeux
   merrily

201

a) v. p. 3a.

a) v.p. 4a.

ALLEGRETTO (♩.=50)

Maggiore (♩.=60)

dolce e cantabile

CODA (♩.=60)

D.c. Allegretto e poi la Coda.

RONDO
Allegro commodo (♩= 80)

207

209

210

211

SONATE
No. 10

DER BARONIN VON BRAUN GEWIDMET

Allegro (♩=104)

BEETHOVEN, Op. 14 Nr. 2

a) Leichter:
Exécution plus facile:
This way is easier of execution:

215

216

217

a) Leichter:
   Exécution plus facile:
   This way is easier of execution:

219

ANDANTE (♩=72)
La prima parte senza replica

223

SCHERZO
Allegro assai (♩= 88)

225

227

229

SONATE
No. 11
DEM GRAFEN VON BROWNE GEWIDMET

ALLEGRO CON BRIO ($\bullet = 160-168$)　　　　　　　　　　　BEETHOVEN, Op. 22

a) leichter (und wohl die beste Lösung):
plus facile: (nous croyons que c'est la meilleure solution.)
easier (and, probably, the best solution)

noch leichter:
encore plus facile
easier still

233

235

236

237

a) v.p.3a

241

ADAGIO CON MOLTA ESPRESSIONE (♪ = 84)

a) Der Herausgeber spielt:
L'éditeur lui-même joue:
The Editor himself plays:

meistens aber ist folgende Ausführung zu hören:
en général on entend l'exécution suivante:
but generally the following execution is heard:

244

245

a) v. p. 13a

246

MENUETTO (♩=100)

RONDO (♩= 80—84)
ALLEGRETTO

a) Der Herausgeber spielt:
L'éditeur lui-même joue:
The Editor himself plays:

häufiger empfohlen ist:
en général on recommande de jouer:
more frequently, however, this way is recommended:

1) *veemente*

($\quarternote = 88$)

sempre f e ben marc.

1) *ungestüm*
   impétueux
   impetuously

255

256

a) v.p. 20a

257

259

a) *Leichter und glänzender:*
   Plus facile et plus brillant:
   Easier and more brillant:

SONATE
No. 12

DEM FÜRSTEN CARL VON LICHNOWSKY GEWIDMET

ANDANTE CON VARIAZIONI (♪ = 63—66)

BEETHOVEN, Op. 26

---

1) edel, ernst, etwas streng.
avec noblesse et gravité, et une certaine sévérité.
noble, grave, somewhat stern

262

VAR. I

263

VAR. II ($\eighthnote = 88$)

Un poco più mosso, ma tutto senza agitazione

1) *durchaus ohne Unruhe.*
   sans la moindre agitation
   avoid all restlessness

VAR. III

Tempo del Tema
1) *serioso e concentrato*

1) tiefernst, gesammelt, gespannt
   grave, concentré et tendre
   deeply grave, concentrated, intense

2) traurig, schmerzlich klagend
   triste, douloureux et plaintif
   sad, grievously moaning

a) *Das zweite Achtel in der rechten Hand nicht staccato.*
a) *La seconde croche de la main droite ne doit pas être jouée staccato.*
a) *The second quaver of the right hand must not be played staccato.*

VAR. V (*Tempo del tema.*)

1) *sanft und still.* 2) *innerlich, mild, liebreich.* 3) *eindringlich*
doux et tranquille *tendre et affectueux* *avec ferveur*
soft and quiet heartfelt, mild, affectionate intense

269

SCHERZO. La prima parte senza repetizione

ALLEGRO MOLTO ($\bm{d.}$ = 112)

a) In der kritisch durchgesehenen Gesamtausgabe steht: mancando, nicht: calando, wie in der Urtextausgabe.
1) aus ganzer Seele, mit aller Hingebung.
*) Pedal autograph.

a) Dans l'édition complète critique il y a: mancando, et non pas: calando, comme on le lit dans l'édition du texte original.
1) avec beaucoup de sentiment et de ferveur.
*) La pédale est prévue dans le texte autographe.

a) The complete, critically revised edition says here "mancando" and not "calando," as in the original text edition.
1) with full heart and great devotion
*) the pedal by the composer

271

TRIO ($\dotted{\quarter} = 100$)

1) *ohne Pause weiterspielen*
jouer sans interruption
go on without pausing

1) *attacare immediatamente*

Scherzo da capo senza repetizione.

MARCIA FUNEBRE sulla morte d'un Eroe
MAESTOSO ANDANTE ($\quarternote = 52$)

1) *gemessen*
d'un mouvement bien mesuré
measured, deliberate

a) Nicht etwa mehr Zweiunddreißigstel als die vorgeschriebenen: Kein „tremolo".
b) Ped. und ✻ autograph.
1) dumpf, hohl.

a) Jouer exactement le nombre de triples-croches prescrit, et pas davantage: Pas de „tremolo".
b) La pédale ainsi que ✻ sont prévus dans le texte autographe
1) d'un ton creux et caverneux

a) Don't play more than the prescribed number of demi-semi-quavers; no "tremolo."
b) pedal and ✻ by the composer
1) gloomy, hollow

275

a) Ped. und ✻ autograph.
La pédale ainsi que ✻ sont prévus dans le texte original.
pedal and ✻ by the composer

277

278

281

1) verschwinden, verflüchtigen a) Pedal und ✱ autograph
en s'évaporant, fugitif La pédal ainsi que ✱ sont prévus dans le texte original
vanishing pedal and ✱ by the composer

SONATE
Nr. 13.
Sonata quasi una Fantasia

Der Fürstin von Liechtenstein gewidmet

Beethoven, Op. 27. Nr. 1.

a) Für manche Hände folgende Ausführung vielleicht müheloser:
La version suivante est peut-être mieux à la portée de certaines mains:
This version might be easier of execution for some hands:

b) ungefähr ein Achtel wert.
environ la valeur d'une croche.
About a quaver's worth.

284

Allegro. (♩.=108)

a) Fermate etwa zwei Takte lang: ebenso lang Luftpause danach.

a) Point d'orgue de deux mesures environ, suivi d'une pause respiratoire de même longueur.

a) Fermata about two measures long; the following air-pause the same duration.

a) Pedal autograph
b) Fermate etwa zwei Takte lang; Allegro unmittelbar anschließen. (Keine Luftpause!)

a) Pédale autographe
b) Point d'orgue d'environ deux mesures; faites suivre immédiatement l'Allegro (sans pause respiratoire).

a) Pedal autograph
b) Fermata about two measures long; allegro to follow immediately, without an air-pause

a) Triller mit der akzentuierten Hauptnote beginnen.

a) Commencez le trille sur la note principale portant l'accent.

a) The trill must begin with the accentuated leading note.

288

a) Fermate etwa acht Takte lang; dann Luftpause etwa zwölf Takte lang. Selbstverständlich darf über eine Luftpause kein Pedal gehalten werden.

a) Point d'orgue d'environ huit mesures, suivi d'une pause respiratoire d'environ douze mesures. Il va sans dire que l'emploi de la pédale se défend pendant les pauses respiratoires.

a) Fermata about eight measures long; then a 12 measures' air-pause. It hardly needs mention that no pedal must be held over an air-pause.

attacca subito l' Adagio

b) Diese Folge von 11 Tönen sollte eigentlich in 64teln aufgeschrieben sein; jedenfalls ist sie um so viel langsamer zu spielen, als die vorangehenden sechzehn 128tel, daß genau der gleiche Achtel-Wert damit ausgefüllt wird.

c) Kein Triller, sondern genau nach der Aufzeichnug.

d) Triller etwa 4 Achtel lang! Mit der Hauptnote beginnen!

e) Fermate vier Achtel! Luftpause ebenso lang!

b) Cette succession de 11 tons aurait dû être notée en quadruples-croches; en tout cas, il s'agit d'en proportionner la durée à celle des seize quintuples-croches qui les précèdent, de telle façon que les deux parties aient la même valeur correspondant à une croche.

c) Pas de trille; conformez-vous exactement au texte.

d) Trille de la longueur de 4 noires environ! Commencez sur la note principale.

e) Point d'orgue de la durée de quatre croches! Pause respiratoire de même durée!

b) This succession of 11 tones should properly be written in quadruple quavers; at any rate, it is to be played as much slower as the preceding sixteen octuple quavers, so that the equal quaver's worth is thereby filled up.

c) No trill; play exactly as written.

d) The trill about 4 quavers long! Begin with the leading note!

e) Fermata 4 quavers! The air-pause equally long!

a) *leichtere Ausführung:*
   Plus facile:
   Easier of execution:

b) *angenehmer:*
   plus agréable:
   More agreeable:

1) kraftvoll, feurig, kernig.
vigoureux
vigorous

a) Die Breitkopf-Ausgaben haben statt f (links zweites 4tel) d; zweifellos ein Stichfehler.

a) Dans les éditions Breitkopf, on trouve ré au lieu de fa (deuxième noire de la gauche); c'est sans doute une erreur typographique.

a) The Breitkopf editions have d instead of f (second crotchet, left) which undoubtedly is an engraver's error.

a) In den Breitkopf-Ausgaben fehlt hier das *f*-Zeichen; bei Schenker steht es. Kaum ein Zweifel, daß es richtig ist.

a) Le signe *f* fait défaut dans les éditions Breitkopf; on le trouve chez Schenker. Son exactitude n'est guere douteuse.

a) The *f*-sign is omitted here in the Breitkopf editions; in Schenker's it stands. It is undoubtedly correct.

a) ohne zu eilen
sans hâte
No haste!

297

a) *leichter:*
Plus aisé:
Easier:

b) Fermate etwa 4 Viertel, Luftpause etwa 6 Viertel wert.
Point d'orgue d'environ 4 noires, pause respiratoire d'environ 6 noires.
Fermata about 4 crotchets worth, air-pause about 6 crotchets.

a) *Eine empfehlenswerte Einteilung:*
Subdivision très recommandable:
A commendable subdivision:

SONATE
Nr. 14
Sonata quasi una Fantasia
Der Gräfin Julie Guicciardi gewidmet

Adagio sostenuto. (♩= 63)
Si deve suonare tutto questo pezzo delicatissimamente e senza sordino.

Beethoven, Op. 27 N° 2.

301

a) Nach des Herausgebers Ansicht dürfen die Viertelnoten nicht hervorgehoben sein; die Triolenbewegung soll in ununterbrochener Führung weiterströmen; bis zur Rückkehr des ersten Themas im Sopran, wo sie wieder Innenstimme ist, immer leiser werdend.

a) A notre avis il ne faut pas faire ressortir les noires; les triolets doivent se déverser d'un mouvement ininterrompu jusqu'au retour du premier thème au soprano; à ce moment, les triolets redeviennent une voix médiale, toujours plus doucement.

a) The Editor is of the opinion that the crotchets must not be accentuated; the movement of the triplets should remain in a continuous current, gradually softening till the return of the first theme in the soprano, when it becomes an inner voice again.

a) Fermate sehr lang, mindestens 2 Takte. Ebenso lang die darauffolgende Luftpause. (Vor dem Allegretto.)

a) Point d'orgue, très long, d'au-moins 2 mesures, suivi d'une pause respiratoire de même durée (avant l'Allegretto.)

a) Fermata very long, at least 2 measures. Equally long the succeeding air-pause (before the entry of the allegretto.)

attacca subito il seguente.

1) Einfach, heiter, unschuldsvoll.   2) Fröhlich.
Simple, serein, innocent.   Joyeux.
In simple, serene, innocent mood.   Merrily.

a) *Pedal autograph; auch an allen Pararellstellen. sf (=f Zeichen) gilt nur für das eine (siebente) Achtel; das folgende achte etwa mp, und der Beginn des nächsten Taktes wieder p. So den ganzen Satz lang.*

a) *Pédale autographe; de même à tous les endroits parallèles. Le signe sf (=f) ne concerne que la septième croche; la croche suivante à peu près mp, et le début de la mesure suivante de nouveau p, et ainsi de suite, tout le morceau.*

a) *Pedal autograph, also on all parallel passages. sf (=f sign) only refers to one of the quavers (the seventh one); the subsequent eighth quaver about mp, and the beginning of the next measure p again. This is to be followed throughout the whole movement.*

b) *Eine Ausführungsmöglichkeit:*
   Une manière d'exécuter:
   A possible rendering:

c) *Fermate nur kurz; etwa fünf Viertel. Keine Luftpause danach.*

c) *Le point d'orgue doit être court, durée environ 5 noires; pas de pause respiratoire.*

c) *Fermata but short, about 5 crotchets; no air-pause afterwards.*

a) Von hier ab bis zum nächsten sf sind die Bögen vom Herausgeber hinzugesetzt; die Originalausgaben haben gar keine.

a) A partir d'ici jusqu'au sf suivant, les arcs ont été ajoutés par l'éditeur; il n'y en a pas dans les éditions originales.

a) From here until the next sf the slurs (ties) have been marked by the Editor; in the original editions there are none.

a) Nicht etwa die Bewegung unterbrechen zwischen diesem und den folgenden Takt! | a) N'interrompez pas le mouvement entre cette mesure et la mesure suivante! | a) Dont interrupt the flowing motion between this and the subsequent measure!

310

a) Breitkopf sowohl wie Schenker haben hier fis (viertes Viertel rechts); manche Ausgaben hingegen g. Der Herausgeber bekennt sich zu fis.
b) Keine Fermate; keine Luftpause.

a) Breitkopf aussi bien que Schenker ont ici un fa dièze (quatrième noire de la droite); dans certaines éditions par contre, on trouve un sol. L'éditeur a adopté le fa dièze.
b) aucun point d'orgue; aucune pause respiratoire.

a) Both Breitkopf and Schenker have f sharp here (fourth crotchet, right), some other editions g. The Editor thinks f sharp to be correct.
b) No fermata; no air-pause.

a) *In der Schenker'schen Ausgabe (Universaledition) fehlt das fp-Zeichen. In den Breitkopf-ausgaben steht es.*

a) *Dans l'édition de Schenker (Universaledition) le fp fait défaut. On le trouve dans les éditions Breitkopf.*

a) *In the Schenker Edition (Universal=Edition) the fp sign is omitted; it stands in the Breitkopf editions.*

313

a) Das gis ist nur bei Breitkopf, es ist wohl ein Fehler. Die Terz cis, e-ohne gis dazu-hält der Herausgeber für richtig.

a) Le sol dièze ne se trouve que chez Breitkopf; c'est probablement une faute. Nous tenons pour exacte la tierce ut dièze-mi (sans le sol dièze).

a) The g sharp stands only in the Breitkopf editions; it is presumably an error. The Editor thinks the third c sharp, e, - without g sharp - to be correct.

a) Pedal autograph. (Fehlt bei Schenker.)
b) Fermate 5 Viertel lang; ebenso lang Pedal. Keine Luftpause.
c) Fermate 6 Viertel lang; ebenso lang Pedal. Keine Luftpause.

a) Pédale autographe.(Manque chez Schenker)
b) Point d'orgue de la durée de 5 noires; la pédale pour toute la durée du point d'orgue. Pas de pause respiratoire.
c) Point d'orgue de la durée de 6 noires; la pédale pour toute la durée du point d'orgue. Pas de pause respiratoire.

a) Pedal autograph (omitted in Schenker's)
b) Fermata 5 crotchets long; during which time the pedal is to be used. No air=pause.
c) Fermata 6 crotchets long; during which time the pedal is to be used. No air=pause.

a) *Eine empfehlenswerte Ausführung (Triller genau 4 Viertel Wert):* | a) *Interprétation fort recommandable (en donnant au trille exactement la valeur de 4 noires):* | a) *A commendable execution (the trill exactly 4 crotchets worth):*

Stich u. Druck der Waldheim = Eberle A. G.

SONATE

Nr. 15

Joseph Edlen von Sonnenfels gewidmet

Beethoven, Op. 28.

1) *Klar und innerlich.*
   D'une manière claire, venant de l'âme.
   Lucid and heartfelt.

2) *Immer klingend, aber sehr weich.*
   D'une belle sonorité continue, mais avec beaucoup de douceur.
   Always sonorous, but very soft.

a) *Leichtere und wohl sinngemäße Ausführung:*
   Interprétation plus aisée et, nous semble-t-il, conforme au sens de ce passage:
   An easier rendering which is presumably also in conformity with the meaning of the passage:

319

a) Die Breitkopf-Ausgaben haben als fünftes 8tel rechte Hand e, Schenker hingegen, der Parallelstelle entsprechend, d. D ist wohl richtig.

a) Les éditions Breitkopf ont un mi à la cinquième croche de la main droite; Schenker, par contre, a un ré, tout comme à l'endroit parallèle; ré semble bien être exact.

a) The Breitkopf editions have e as fifth quaver, right hand, but Schenker puts d, in accordance with the parallel passage; d seems to be correct.

a) Viele Ausgaben haben - im Gegensatz zur Originalausgabe - von d drittes Viertel zu d erstem Viertel einen Haltebogen; das d zweimal anzuschlagen, ist aber vermutlich richtig.

a) Dans nombre d'éditions, ou trouve - contrairement à l'édition originale - un arc reliant le ré du troisième temps au ré sur le premier temps; il est probablement plus juste de répéter le ré.

a) Many editions, contrary to the original edition, have a stop = tie from d, third crotchet, to d, first crotchet; but it is presumably correct to strike the d twice.

a) Die Breitkopfausgaben haben hier und im nächsten Takt auf cis im Baß sf-Zeichen; sie sind nicht recht erklärlich, zumal im Takt davor das p plötzlich einsetzt, nach achtmaligem sf im ff. Will man die beiden sf aber ausführen, so muß nach des Herausgebers Ansicht das zweite davon zu fis gehören, und der Stärkegrad der sf selbstverständlich dem p entsprechen.

1) Ohne Wichtigkeit.
2) Führend.

a) Dans les éditions Breitkopf, on trouve ici, ainsiqu'à la mesure suivante, un sf placé à la basse sous le ut dièze; on ne peut guère se les expliquer, d'autant moins qu'à la mesure précédente le p paraît subitement, après la répétition par huit fois du sf en plein ff. Si l'on veut jouer ces deux sf, il faut à notre avis que le deuxième soit placé sous le fa dièze et que l'intensité des sf soit proportionnée, cela va sans dire, au p

1) Sans caractère d'importance
2) D'un mouvement directeur.

a) The Breitkopf editions have here and in the following measure the sf sign upon c sharp in the bass. These signs are not easily to be explained, the less so as, in the preceding measure, the p begins quite suddenly after eight times sf in the ff. If, however, you want to execute the two sf, the second must belong to f sharp, in the Editor's opinion; and the dynamic degree of the two sf must naturally correspond with the p.

1) Without importance.
2) Leading.

a) Pedal autograph.
b) Fermate acht Viertel lang. Keine Luftpause!
c) Fermate vier Viertel lang.
d) Fermate fünf Viertel lang. Auch hier keine Luftpause.
e) Das dritte Viertel dieses Taktes hat ausnahmsweise kein sf; es soll aber wohl mindestens einen Akzent bekommen.

a) Pédale autographe.
b) Point d'orgue de la durée de huit noires. Pas de pause respiratoire.
c) Point d'orgue de la durée de quatre noires.
d) Point d'orgue de la durée de cinq noires. Pas de pause respiratoire, ici non plus.
e) La troisième noire de cette mesure n'a exceptionnellement pas de sf; il faut pourtant, croyons-nous, lui donner pour le moins de l'accent.

a) Pedal autograph.
b) Fermata 8 crotchets long. No air=pause!
c) Fermata 4 crotchets long.
d) Fermata 5 crotchets long. Here, too, no air-pause.
e) The third crotchet of this measure has, exceptionally, no sf; but it should certainly have at least some kind of an accent.

a) Leichtere Ausführung:
Plus aisé à exécuter:
Easier of execution:

327

a) Die Fermate wohl beachten!
Attention au point d'orgue!
Don't overlook the Fermata!

1) Ernst, ein wenig düster, immer gehend. | 1) Grave, un peu sombre; ainsi de suite. | 1) Serious, somewhat gloomy, always a-going.

a) Unmittelbar anschließen, keine Pause zwischen 3. und 4. Achtel!

a) Continuez sans interruption; pas d'arrêt entre la 3e. et la 4e. croche!

a) Connect immediately - no pause between 3d and 4th quaver!

a) Einige der Bögen über den 32tel Figuren sind vom Herausgeber hinzugefügt (oder ergänzt).

a) Les arcs au-dessus des triples-croches ont été en partie ajoutés (ou complétés) par l'éditeur.

a) Some of the slurs (ties) over the demi-semiquavers have been added, or supplemented, by the Editor.

332

a) *Fermate drei Viertel lang; keine Luftpause.*

b)

c) *Fermate recht lang, vielleicht drei Takte (höchstens).*

a) *Point d'orgue de la durée de trois noires; pas de pause respiratoire.*

b)

c) *Point d'orgue bien prolongé; trois mesures peut être (c'est le maximum).*

a) *Fermata three crotchets long; no air=pause.*

b)

c) *Fermata rather long; about three measures (at best).*

Scherzo.
Allegro vivace. (♩.=104)

1) Fröhlich.
a) Fermate zwei Takte. Keine Luftpause.

1) Joyeux.
a) Point d'orgue de deux mesures. Pas de pause respiratoire.

1) Merrily.
a) Fermata two bars. No air-pause.

Trio. ($\dot{\unicode{x2669}}$ = 92)

p non legato, quasi stacc.

sempre p

La seconda parte una volta.

p

ben legato

p

cresc.
p

sf
f — *mf* — *p*

Scherzo da capo.

a) *Scherzo ohne Pause anschließen.*
   Faites suivre le scherzo sans interruption.
   Scherzo follows without a pause.

Rondo. (♩.= 80)
Allegro, ma non troppo.

a) Eine Entscheidung darüber, ob das 6. Achtel e an das folgende Viertel e stets, gelegentlich, oder niemals angebunden werden soll, ist durch Vergleichung der verschiedenen Ausgaben nicht zu treffen; es herrscht verwirrende Vielfalt, eine weicht von der anderen ab, die Lösungen sind offenbar willkürlich nach dem Geschmack des Herausgebers. Auch dieser Ausgabe bleibt nur ein gleiches Verfahren übrig; auch sie versucht, selbstverständlich, dabei möglichst sinnvoll zu sein. Zwingend erscheint keine der denkbaren Gestalten.

b) Bogen links und rechts vom Herausgeber.

a) La comparaison entre les différentes éditions ne permet pas de dire, si la liaison entre la 6ᵉ croche sur mi et la noire suivante sur mi doit se faire toujours, ou seulement par ci par là, ou si elle ne doit jamais se produire; la diversité des versions rend perplexe; l'une diffère toujours de l'autre et les solutions présentées semblent être le produit bien arbitraire du goût personnel des différents éditeurs. Dans cette nouvelle édition, nous nous voyons bien forcés, nous aussi, d'adopter une méthode analogue; nous nous efforçons aussi, cela va de soi, de respecter autant que possible le sens-même de la musique. Aucune des formes possible n'apparaît comme d'une nécessité absolue.

b) Les arcs à la gauche et à la droite sont de l'éditeur.

a) The question whether the 6th quaver e should always, occasionally, or never be fastened to the following crotchet e, cannot be decided by comparing the various editions. You will find there a perplexing variety of opinions; the solutions offered by the Editors are obviously arbitrary, arising from personal tastes and interpretations. This present edition, too, cannot help following the same course; here, too, as a matter of course, the attempt is made to preserve the essence and meaning of the passage. Not one of the possible solutions appears to be absolutely cogent.

b) The slurs (ties) left and right are by the Editor.

a) *Der Haltebogen von h 6. Achtel zu h 1. Achtel, der im Breitkopf'schen Urtext fehlt, in den neuesten andern Ausgaben aber steht, scheint hier unabweisbar richtig.*

a) *L'arc de liaison qui relie la 6ᵉ croche sur mi au mi de la 1ʳᵉ croche manque dans le texte primitif de Breitkopf; on le trouve cependant dans les autres éditions parmi les plus récentes, et nous le croyons irréfutablement juste.*

a) *The stop-tie from b sixth quaver to b first quaver which is omitted in the original text by Breitkopf but is to be found in the latest other editions, appears to be irrefutably correct here.*

a) Schenker hat hier vom Takt vorher einen Haltebogen zu g im Baß. Nach des Herausgebers Ansicht soll aber das g hier noch einmal angeschlagen werden.
b) Fermate sechs Achtel, Luftpause etwa sechs Achtel.

a) Chez Schenker, on trouve ici un arc de liaison reliant la mesure précédente au sol de la basse. A l'avis de l'éditeur, il faut répéter le sol.
b) Point d'orgue de la durée de 6 croches, pause respiratoire d'environ 6 croches.

a) Schenker has here from the preceding measure a stop-tie to g in the bass. The Editor, however, is of opinion that the g should be struck here once more.
b) Fermata six quavers; air-pause about six quavers.

340

341

Più allegro, quasi presto (♩=120)

343

a) *Fermate 8 Achtel. Keine Luftpause.*
b) *Bögen vom Herausgeber.*
c) *Die Fingersätze über den Sechzehnteln sind von Beethoven.*

a) *Point d'orgue de 8 croches. Pas de pause respiratoire.*
b) *Les arcs ont été ajoutés par l'éditeur.*
c) *Le doigté au-dessus des doubles-croches est de Beethoven.*

a) *Fermata 8 quavers; no air-pause.*
b) *The slurs are by the Editor.*
c) *The fingering over the semiquavers is by Beethoven.*

SONATE
Nr. 16

ALLEGRO VIVACE (♩ = 160)　　　　　　　　　　BEETHOVEN, Op. 31 Nr. 1

1) Frisch und munter.
a) Das f-Zeichen gilt erst bei der Wiederholung des ersten Teiles; das Sechzehntel am Taktende ist beide Male p. Der eingeklammerte Fingersatz über g' steht auch nur das zweite Mal zur Wahl.

1) Vif et joyeux.
a) Le signe f ne se rapporte qu'à la reprise de la première partie; la double-croche à la fin de la mesure doit être jouée les deux fois p. Le doigté placé entre parenthèses ne peut être choisi qu'à la reprise.

1) Brisk and lively.
a) The f sign is only valid at the repetition of the first part; the semiquaver at the end of the measure is both times p. The bracketed fingering over the g' can likewise only be applied the second time.

a) *Fermate etwa 2 Takte. Keine Luftpause.*
   Point d'orgue d'environ 2 mesures. Pas de pause respiratoire.
   Fermata of about 2 measures. No breathing-pause.

1) Unbeschwert, leichtbeweglich.
Léger, mobile et joyeux.
Lightly, winged, sprightly.

347

a) Dieser und die beiden folgenden Takte sind rechts nur mit einer sehr weitspannenden Hand ausführbar; einer nicht ausreichenden seien nachstehende Einteilungen empfohlen:

a) Cette mesure ainsi que les deux suivantes exigent une grande extension, à la droite nous recommandons pour les mains plus petites la répartition suivante.

a) This and the two following measures can only be executed by a right hand with a very wide span. A hand with insufficient span can try one of these divisions:

a) In manchen Ausgaben heißt der Baß, hier und in den nächsten drei Takten:

a) Certaines éditions ont ici et aux trois mesures suivantes à la basse:

a) Here and in the following three bars, many editions have the bass thus:

a) Leichteste (und genügende) Ausführung:
Exécution la plus facile (parfaitement suffisante):
The easiest (withal sufficient) execution:

350

351

352

353

354

355

ADAGIO GRAZIOSO (♪ = 112)
(Keinesfalls schneller, eher langsamer) (Pas plus vite, plutôt lentement) (On no account quicker, rather slower)

a) Dieser Takt kommt (rechts) dreimal in ganz gleicher, ein viertes Mal in rhythmisch reicherer Gestalt vor; nur das erstemal aber ist das sf-Zeichen zum zweiten Achtel gesetzt, sonst steht es immer erst unter dem fünften Achtel (und zwar in allen Ausgaben) und wird überdies durch ein cresc. vorbereitet. Ob die Abweichung bei der ersten Erscheinung des Taktes beabsichtigt ist, läßt sich nicht entscheiden. Aus der Verschiedenheit der Bezeichnung entsteht jedenfalls ein Reiz. Fraglich ist auch, ob das erste Achtel gis zum folgenden jedesmal gebunden werden soll; bei seinem dritten Auftreten hat es nämlich wiederum in allen Ausgaben einen Bogen, der die Bindung fordert. Nach des Herausgebers Ansicht ist das legato schöner als die Trennung der beiden Töne, die von vielen Ausgaben durch einen staccato Punkt auf gis (in den drei unbezeichneten Takten) empfohlen wird.

b) Der Fingersatz ist von Beethoven, und zweifellos der denkbar beste.

c) In manchen Ausgaben fehlt das d im Akkord, die alten haben es durchweg.

a) Cette mesure se présente trois fois (à la droite) sous la même forme, et une quatrième fois avec un rhythme plus riche. C'est *seulement* la première fois, que le signe sf se trouve placé sous la deuxième croche; partout ailleurs, (cela dans toutes les éditions) on le voit sous la cinquième croche de plus il est préparé par un crescendo. On ne peut pas dire, si la différence, que la première mesure présente par rapport aux autres était dans l'intention du compositeur. En tout cas, l'effet produit par cette différence a un charme spécial. Il est sujet à caution si la première croche, sol dièze doit être liée *chaque fois* à la suivante, car à la troisième apparition de cette mesure, elle porte à nouveau - cela également dans toutes les éditions - une liaison. A l'avis de l'éditeur, le legato est plus beau que la séparation des deux notes recommandée par nombre d'éditions qui agrémentent à cet effet (dans les trois mesures sans indications spéciales) le sol dièze d'un point de staccato.

b) Le doigté est de Beethoven, c'est certainement le plus conforme qu'on sût trouver.

c) Dans certaines éditions, le ré manque à l'accord; il se trouve dans toutes les vieilles éditions.

a) This measure occurs (right hand) three times in perfectly identical, a fourth time in a rhythmically richer shape; only the first time, however, the sf sign is found at the second quaver; otherwise it always stands under the 5th quaver only (in all editions); it is furthermore anticipated by a crescendo. It is hard to decide whether the deviation is intended at the first appearance of the measure. At any rate, a certain charm arises through the variety of the indication. Another open question is whether the first quaver g sharp should be tied every time to the following one; for when it appears for the third time, it has (in all editions) a slur demanding the tie. In the Editor's opinion, the legato is more beautiful than a separation of the two sounds which is recommended in many editions, where even a staccato point is put over g sharp (in the three unmarked measures).

b) The fingering is by Beethoven, it is undoubtedly the best one conceivable.

c) In some editions the d in the chord is missing; it is to be found in all old editions.

a) Der Breitkopf-Urtext, im Gegensatz zu allen anderen Ausgaben, hat den Triller auf dem sechsten Achtel h nicht.
b) Fermate etwa neun Achtel wert.
c) Vier, höchstens aber sechs 32tel auf ein Achtel des Hauptzeitmaßes.

a) De toutes les éditions, le texte primitif de Breitkopf seul n'a pas le trille à la sixième croche sur le si.
b) Point d'orgue d'une valeur d'environ neuf croches.
c) Quatre ou tout au plus six triples-croches pour un temps du mouvement initial.

a) In the original text of the Breitkopf edition, contrary to all other editions, the trill on the sixth quaver b is missing.
b) Fermata about the value of nine quavers.
c) Four - by no means more than six - demisemiquavers to one quaver of the main tempo.

a) Keine Luftpause vor Eins, sondern die Sechzehntelbewegung ununterbrochen fortsetzen.

b) Dieser und die folgenden Takte werden vom Herausgeber in der bezeichneten Verteilung gespielt.

a) Pas de pause respiratoire avant le premier temps; continuez sans interruption le mouvement en doubles-croches.

b) L'éditeur joue cette mesure, ainsi que les suivantes selon la répartition indiquée.

a) No breathing-pause before the first beat; the demisemiquaver movement must be continued without interruption.

b) This and the following measures are played by the Editor in the division designated.

a) Der Herausgeber spielt die erste der beiden Vor-schlagsnoten genau auf Eins, mit dem ersten Sechszehntel der linken Hand zusammen; betonte Note bleibt aber selbstverständlich das Sechszehntel, zu dem der Vorschlag hinführt.

a) L'éditeur joue la première des deux notes en appogiature exactement sur le premier temps, en même temps que la première double-croche de la gauche; il va sans dire que la double-croche reste la note portant l'accent; c'est à elle que se rapporte l'appoggiature.

a) The Editor plays the first of the two appoggiatura-notes strictly on the first beat together with the first semiquaver of the left hand; the semiquaver, however, to which the appoggiatura is leading up, remains of course the note to be accentuated.

a) Luftpause nur kurz, höchstens ein Sechszehntel wert. | a) Arrêt respiratoire d'une durée d'un quart de temps, au plus. | a) Only a short breathing-pause, not more than the value of a semiquaver.

361

362

363

a) Nach der Meinung des Herausgebers gilt das f-Zeichen von hier bis zu dem decrescendo, das acht Takte später steht; selbstverständlich wird mit dem Stärkegrad auch der Ausdruck dieser Takte wesentlich gesteigert. Die sechs vor dem decrescendo sind nicht mehr im Kreise des lieblich süßen, anmutigen Schwärmens, sondern sie erweitern ihn zu großer erhobener erhobener Empfindung, edler Beseeltheit, beglückter gesammelter Hingabe, zu einem klaren Gebiet, in das weder aufgeregte noch spielerische Töne gehören. Einige Ausgaben haben im Takt nach f ein diminuendo, und wiederum einen Takt danach p, dann aber bis zum decrescendo gar keine Zeichen, die Stärkegrad angeben. Das decrescendo führt zum p; sinngemäß wäre also wohl, daß ihm eine Tonstärke vorausgeht, von der es abnehmend zum p gelangt. Der Herausgeber ist von der Unrichtigkeit des p vor dem decresc. überzeugt. Die Verlegung des Themas in den tiefen Baß, die Wahl des klangvollsten Klavierteils für die rechte Hand, dazu die sfz Zeichen, und schließlich der gedehnte Rückgang – bis zum Ende – fordern hier den Höhepunkt, gleichsam die eindringlichste Verdichtung des Vorausgegangenen; mit leichter und leiser Stimme läßt sich dieser Inhalt keinesfalls erschöpfen.

a) A l'avis de l'éditeur, le signe f est valable à partir d'ici jusqu'au decrescendo qui se trouve huit mesures plus loin; en même temps qu'on augmente de force, on doit, cela va sans dire, rendre l'expression d'autant plus intensive. Les six mesures qui précèdent le decrescendo ne se meuvent plus dans la région des douces, tendres et gracieuses rêveries; elles élargissent l'horizon pour atteindre la grandeur, le sublime, la noblesse du sentiment, le bonheur d'un dévouement recueilli, une région pleine de clarté, où n'ont pas de place les tons agités ou enjoués. – Dans plusieurs éditions, on trouve un diminuendo dans la mesure qui suit le f; une mesure plus loin: p, et ensuite, pas de signes dynamiques jusqu'au decrescendo. Or le decrescendo amène le p; il serait donc logique de le faire précéder d'un degré dynamique plus fort, à partir duquel le ton diminuerait jusqu'au p. Nous sommes convaincus que le p placé devant le decrescendo est faux. Le thème a passé dans les profondeurs de la basse; pour la main droite a été choisie la partie la plus sonore du clavier; à quoi viennent s'ajouter les sf, et finalement le retour très extensif jusqu'à la conclusion: tout cela fait de ce passage le point culminant, la contraction la plus intensive, pour ainsi dire, de tout ce qui précède; ce n'est pas avec une expression naïve et douce qu'on arrivera à rendre justice à ce contenu.

a) In the Editor's opinion, the f sign is valid from here to the decrescendo which begins eight bars later; as a matter of course, the expression of these measures is essentially heightened corresponding to their dynamic degrees. The six measures before the decrescendo are lifted from the realm of lovely, sweet and graceful revelling; they are expanding it to grand, uplifted sentiments, noble animation, blissful, concentrated devotion – a domain unfit for excited or playful sounds. Some editions have a diminuendo in the measure after f, and one measure afterwards a p, but then until the decrescendo no sign whatever indicating a dynamic degree. The decrescendo leads straightway to the p; it would therefore be logical to have it preceded by a dynamic nuance from which it may properly glide down to the p. The Editor is convinced that the p before the decrescendo is incorrect. The shifting of the theme to the deep bass; the selection of the best-sounding part of the instrument for the right hand; moreover the sfz signs; and, finally, the distended retrogression – distended until the end – all this calls for a climax, the most intense condensation, as it were, of all that has preceded. The contents and essence of all this can by no means be fully expressed simply by a soft and easy voice

RONDO
ALLEGRETTO ($\frac{1}{2}$ = 100)

1) con buon umore, senza pensieri, un poco capriccioso
2) senza fretta

---

1) In guter, fröhlicher Laune, ganz sorglos, doch etwas eigensinnig.
2) Ohne Eile.
a) In manchen Ausgaben g statt h; h ist zweifellos richtig.

1) De bonne humeur, gaîment, libéré de tout souci, mais un peu capricieux.
2) Sans hâte.
a) Dans certaines éditions, on trouve sol au lieu de si; si est certainement juste.

1) In good, merry humour, entirely free from care, although a little capricious.
2) Without haste.
a) Some editions have a g instead of b; b is undoubtedly correct.

a) Nach des Herausgebers Ansicht p schon auf das erste Achtel. (An der Parallelstelle fehlt es überhaupt.)

a) A l'avis de l'éditeur, le p doit déjà commencer à la première croche. (Il fait totalement défaut au passage correspondant.)

a) In the Editor's opinion p must begin already at the first quaver. (At the corresponding passage it is missing altogether).

a) Der Herausgeber spielt diesen - und alle ähnlichen Takte - rechts zweiteilig: also 6 Werte = 2 Vierteltriolen auf 4 Viertel links, etwa:

a) L'éditeur répartit cette mesure et toutes les mesures similaires à la droite en deux groupes de 6 valeurs 2 triolets de croches pour quatre valeurs de noires à la gauche:

a) The Editor plays this measure, as well as all similar ones, in twos in the right hand; therefore 6 values, i.e. 2 crotchet-triplets to 4 crotchets, left: something like this:

369

370

371

a) *Immer weiter zweiteilig (2×3).*
   Continuez la répartition en deux (2×3).
   Continually in twos (2×3).

373

374

a) In einigen alten Ausgaben fängt die Bewegung der gebrochenen Oktaven auf dem zweiten Viertel mit dem unteren g an, wahrscheinlich ein Stichfehler.

a) Dans plusieurs vieilles éditions, le mouvement des octaves brisées commence au deuxième temps sur le sol inférieur; c'est probablement une faute de gravure.

a) In some old editions the movement of the broken octaves begins at the second beat with the lower g, which is probably an engraver's error.

a) Fermate zwei Halbe. Ohne Luftpause weiter. | a) Point d'orgue de la durée de deux blanches. Continuez sans pause respiratoire. | a) Fermata two minims long. Go on without a breathing-pause.

PRESTO (𝅗𝅥 = 88)

a) Manche Ausgaben haben auch hier und in den beiden folgenden Takten staccato-Punkte; der Herausgeber hält sie für falsch und unangebracht. Aber verlängert dürfen die Viertel selbstverständlich auch nicht sein.

b) Fermate beachten!

a) Certaines éditions ont également ici et aux deux mesures suivantes des points de staccato; l'éditeur les considère comme faux et déplacés. Toutefois il va de soi que les noires ne doivent pas être tenues au-delà de leur valeur.

b) Observez le point d'orgue!

a) Some editions have staccato dots here, too, as well as in the two following measures; the Editor believes them to be erroneous and out of place. But, on the other hand, the crotchets are only to be given their exact value.

b) Do not overlook the fermata!

SONATE
Nr. 17

BEETHOVEN, Op. 31 Nr. 2

a) *Der 4 Viertel Takt der kritischen Gesamtausgabe (Br. u. H.) ist zweifellos falsch.*

b) *Pedal autograph.*

c) *Fermate etwa fünf 4 tel wert. Keine Luftpause danach.*

d) [music example]

a) *La mesure à 4 temps, telle qu'on la trouve dans l'édition critique générale (Br. et H.) est, sans nul doute, erronée.*

b) *Pédale autographique.*

c) *Point d'orgue d'une durée d'environ 5 temps continuez sans faire de pause.*

e) *Fermate etwa 3 Viertel.*
   Point d'orgue d'une durée d'environ 3 temps.
   Fermata about 3 crotchets.

a) *The time-signature C ($\frac{4}{4}$) of the complete critical edition (Br. & H.) is undoubtedly erroneous.*

b) *Pedal autograph.*

c) *Fermata about the value of 5 crotchets; continue without breathing pause.*

a) Der Herausgeber schlägt vor, die Takte von hierab rhythmisch wie folgt einzuteilen:

also 4tel Triole auf den Halbtakt.

a) A partir d'ici, l'éditeur propose la répartition rythmique suivante de ce mouvement.

c'est-à-dire un triolet de noires pour chaque demi-mesure.

a) From here onwards the Editor suggests dividing the measures rhythmically as follows:

i.e., a triplet crotchet on the half-beat.

380

381

a) Pedal autograph.

b) Fermate etwa 5 Viertel. Pause danach genau.

c) Fermate etwa 6 Viertel. Keine Pause danach.

a) Pédale autographique.

b) Point d'orgue d'une durée d'environ 5 temps; observer strictement la durée de la pause suivante.

c) Point d'orgue d'une durée d'environ 6 temps continuez sans faire de pause.

a) Pedal autograph.

b) Fermata about 5 crotchets; the pause following to be strictly observed.

c) Fermata about 6 crotchets; no pause afterwards.

a) Die großen Bögen über den kleinen originalen sind vom Herausgeber.

a) Les grandes liaisons au-dessus des petites liaisons de l'original sont de l'éditeur.

a) The large ties (above of the smaller ones, which are original) are the Editor's.

a) In diesem Takt hat die kritische Gesamtausgabe (Br. u. H.) ein rallent.; in der Urtextausgabe fehlt es. Der Herausgeber hält das rallent. keinesfalls für einen Verstoß gegen den Geist dieses Stückes; wer es fühlt, mag es getrost ausführen, wer es nicht fühlt, unterlassen.
b) Pedal autograph; muß (furchtlos) befolgt werden. Pedalwechsel bringt diese Takte um ihren tiefen Hintergrund, um ihr inneres Wesen.

c) Keine Fermate!
d) Fermate etwa zwei Viertel.

e) Fermate etwa sechs Viertel; keine Luftpause danach.
f) Manche Ausgaben haben hier letztes Sechzehntel-c statt des; der Herausgeber glaubt unbedingt an des.

a) A cette mesure, l'édition critique générale (Br. et H.) note un rallent.; qui manque dans l'édition du texte original. A l'avis de l'éditeur, ce rallent, n'est d'aucune façon contraire au caractère du morceau; il est laissé libre gré à chacun d'exécuter ce passage selon sa propre conception.
b) Pédale autographique qui doit (strictement) être observée. Toute modification de celle-ci enlèverait à ces mesures de leur caractère profond et de le leur valeur essentielle.

c) Pas de point d'orgue!
d) Points d'orgue d'une durée d'environ deux temps.
e) Point d'orgue d'une durée d'environ six temps continuez sans faire de pause.
f) Dans plusieurs éditions, la dernière double croche est un ut au lieu d'un ré bémol l'éditeur est convaincu de la justesse du ré bémol.

a) The complete critical edition (Br. e. H.) has a rallentando here which is missing in the original text edition. The Editor does not in any way consider this rall. to be an offence against the spirit and essence of this piece. Whoever "feels" it, may execute it unhesitatingly, who does not, may leave it alone.
b) Pedal autograph; must be used fearlessly; A change of pedal would deprive these measures of their deep background, their innermost spirit.

c) No fermata!
d) Fermata about two crotchets.

e) Fermata about six crotchets, no breathing pause afterwards.
f) Some editions have here (last semiquaver) c instead of d♭ the Editor firmly believes d♭ to be correct.

a) Die kritische Gesamtausgabe (Br. u. H.) hat hier, zu erstem Viertel, *ff*; es ist vermutlich richtig, jedenfalls aber überzeugend.

a) L'édition critique générale (Br. et H.) note au premier temps un *ff*; c'est probablement exact et, en tout cas, très convaincant.

a) The complete critical edition (Br. e. H.) has here (first crotchet) *ff*; this is presumably correct; at any rate it is convincing.

a) Pedal autograph.

b) Die kritische Gesamtausgabe hat hier: das ist wahrscheinlich falsch.

c) Fermate etwa drei Halbe.

a) La pédale est autographique.

b) Dans l'édition critique générale on trouve ici: ce qui est probablement faux.

c) Point d'orgue d'une durée d'environ trois blanches.

a) Pedal autograph.

b) The complete critical edition has here: which is very likely wrong.

c) Fermata about three minims.

Die Ausführung:

mag der Herausgeber nicht; sie fälscht die rhythmische Gestalt.

La version suivante:

ne nous plaît pas; elle fausse la disposition rythmique.

This way of executing:

is not to the Editor's liking; it falsifies the rhythmic form.

390

391

393

b) Der Herausgeber zieht hier den nachschlaglosen Triller vor.
L'éditeur préfère ici le trille sans note complémentaire.
Here the Editor prefers the trill without the turn.

ALLEGRETTO (♩.=69)

396

397

399

a) Manche Ausgaben haben p erst zum vierten 16tel; reizvoller (und vermutlich richtig) aber ist es, schon zweites und drittes 16tel leise und recht ruhig zu spielen.

a) Dans plusieurs éditions le p n'est noté qu'à la quatrième double-croche; il est plus attrayant cependant (et probablement plus juste) de jouer piano et avec calme dès la deuxième et la troisième double-croche.

a) Some editions have p only at the fourth semiquaver; it is, however, more attractive (and, presumably, more correct) to play the foregoing second and third semiquavers softly and rather quietly, too.

402

a) Leichtere Ausführung:
Facilité:
Easier:

und zwei Takte weiter:
de même que deux mesures plus loin:
the same as the measures further on:

a) Der Fingersatz ohne Klammern ist von Beethoven.
Le doigté qui ne se trouve pas entre parenthèses est de Beethoven.
The unbracketed fingering is Beethoven's.

406

409

411